LE CORDON BLEU

RECETAS CASERAS

· PATATAS ·

KÖNEMANN

tecni-ciencia libros
C.C.C.T. (02) 959.0315 / 959.5547
C. Lido: 952.2339   C. Sambil: 264.1765
C.C.G. Prados: 975.1841
C.C. El Recreo: 706.8583
C.C. San Ignacio: 264.5156
Valencia: (041) 22.4860

contenido

4
Ensalada de patatas con queso parmesano y tomate

6
Patatas a la panadera

8
Patatas Byron/Patatas duquesa

10
Croquetas de patata almendradas

12
Patatas chips caseras/Rösti

14
Patatas Aurore

16
Cestas de barquillo de patata

18
Croquetas de patata

20
Gratén de patatas/Ñoquis de patata

22
Patatas asadas

24
Patatas dauphine

26
*Abanicos de patata con bacon y parmesano/
Patatas rellenas de caviar*

28
Patatas Delmonico

30
Patas esponjosas/Patatas Maxim's

32
Patatas libro

34
Pastel borbonés

36
Patatas salteadas/Puré de patatas

38
Flanes de patata

40
*Chowder de maíz y patata/
Potaje Parmentier*

42
Patatas indias picantes

44
Tortas de patata

46
Patatas lionesas/Bollitos de patata

48
Cazuela de patatas y alcachofas de Jerusalén

50
Patatas al horno

52
Patatas Darphin/Patatas al perejil

54
Patatas Ana

56
Buñuelos de patata y queso de untar

58
Tortilla de patatas

60
Técnicas del chef

 para principiantes  *para cocineros poco experimentados* *para cocineros expertos*

Ensalada de patatas con queso parmesano y tomate

La ensalada de patatas es uno de los platos preferidos por todo el mundo, especialmente en verano, y puede disfrutarse bien como acompañamiento o bien como plato único. Esta versión es muy sabrosa y resulta agradable.

Tiempo de preparación **30 minutos**
Tiempo de cocción **35 minutos**
Para 4 personas

6 patatas entre medianas y grandes
  (vea Nota del chef), lavadas
1 tomate grande
1 lechuga
1 ajo chalote francés bien majado
clavos majados al gusto
queso parmesano rallado para servir

VINAGRETA
2 cucharaditas de mostaza
1 cucharada de vinagre de vino blanco
100 ml de aceite de oliva
70 g de queso parmesano rallado

1 Ponga las patatas en una cacerola grande con agua y sal. Lleve el agua a ebullición, reduzca el fuego y déjelas cocer de 30 a 35 minutos, o hasta que estén tiernas. Retírelas del fuego y sumérjalas en una fuente con agua helada para que dejen de cocerse. Pélelas, córtelas en daditos de 1 cm y déjelas enfriar.

2 Ponga una cacerola de agua a hervir. Con la punta de un cuchillo afilado, haga un corte pequeño en forma de cruz en la piel de la parte inferior de un tomate y sumérjalo en el agua hirviendo durante 10 segundos. A continuación, póngalo en una fuente de agua fría, pélelo partiendo de la cruz y quítele el tallo. Divida el tomate en cuartos, retire las semillas y trocee finamente la pulpa. Deje el tomate troceado a un lado.

3 Para preparar la vinagreta, mezcle la mostaza y el vinagre en un bol pequeño y sazone al gusto. Vierta gradualmente el aceite, manteniendo siempre un chorrito estable, y vaya batiendo la mezcla hasta conseguir una masa homogénea y espesa. Añada el parmesano rallado y reboce los dados de tomate en la salsa vinagreta hasta que estén bien cubiertos.

4 Coloque las hojas de lechuga en seis platos y apile un montoncito de ensalada de patata en el centro de cada uno de ellos. Espolvoree cada ensalada con ajo de chalote, clavos y los dados de tomate. Añada luego un poco más de queso parmesano y pimienta negra recién molida.

Nota del chef La jersey real, la kipfler y la patata rosada son algunas de las variedades de patata más apropiadas para preparar ensaladas.

Patatas a la panadera

Las cocinas del siglo pasado no estaban tan bien equipadas como las actuales. Muchas casas, en particular las de los campesinos, no estaban provistas de horno y, aunque lo hubiesen tenido, el trabajo del campo no dejaba tiempo suficiente para cocinar una cena caliente, por lo que las mujeres preparaban un plato por la mañana y lo dejaban en la panadería del pueblo para que lo horneasen y lo mantuviesen caliente. De ahí el nombre de esta receta.

*Tiempo de preparación **20 minutos***
*Tiempo de cocción **1 hora***
*Para **4–5 personas***

4–5 patatas medianas
50 g de mantequilla
1 cebolla a rodajas
800 ml de caldo de pollo
1 ramita de tomillo
1 hoja de laurel

1 Precaliente el horno a 200°C. Pele las patatas, elimine los bordes y córtelas en rodajas finas con un cuchillo afilado o una mandolina de 2 mm (vea Técnicas del chef, página 61). Resérvelas en un bol con agua fría hasta que estén listas para preparar.

2 Ponga una cacerola o un recipiente resistente al calor poco profundo a fuego medio o bajo, incorpore la mantequilla y luego la cebolla y sazónelo todo bien. Tape la cacerola y deje freír la cebolla, sin dejar que llegue a dorarse, durante unos 5 minutos, hasta que quede tierna y transparente. Una vez escurridas las rodajas de patata, añádalas a la cacerola, removiéndolas lentamente con una cuchara de madera hasta que queden cubiertas de manera uniforme con la mantequilla. Déjelas cocer hasta que, una vez calientes, empiecen a emitir vapor.

3 Añada el caldo, el tomillo y la hoja de laurel. Remuévalo todo una vez y déjelo hervir a fuego lento. Rectifique de sal si es necesario; a continuación, cubra las patatas con papel de panadería ligeramente untado con mantequilla y déjelo todo en el horno durante unos 45 minutos o hasta que el líquido haya desaparecido casi por completo y las patatas estén tiernas. Perfore el papel de panadería con un trinchador de horno y retire la bandeja del horno con cuidado, para evitar golpes de vapor. Sirva las patatas calientes.

Nota del chef Añada una cucharada de pimentón y un poco de pimienta cuando cocine las cebollas para dar a este plato un toque húngaro.

Patatas Byron

Un plato memorable: cremosas empanadillas de patata recubiertas con una capa de queso fundido.

Tiempo de preparación 15 minutos
Tiempo de cocción 1 hora 10 minutos
Para 4 personas

4 patatas grandes lavadas
100 g de mantequilla
2 cucharadas de nata de cocinar espesa
50 g de queso cheddar rallado

1 Precaliente el horno a 200°C. Pinche las patatas con un tenedor, póngalas en una bandeja de horno y déjelas hornear entre 45 minutos y 1 hora, o hasta que estén bien cocidas por dentro y se noten tiernas al pincharlas con la punta de un cuchillo, o puedan pellizcarse con los dedos pulgar e índice.

2 Mientras aún estén calientes, corte las patatas por la mitad, vacíe la pulpa utilizando una cuchara de metal, cháfela suavemente, mézclela con mantequilla, después salpiméntela al gusto y por último déjela enfriar.

3 Espolvoree la superficie de trabajo con un poco de harina y, con las manos enharinadas, divida la mezcla en cuatro porciones iguales. Dé forma de pelota a cada porción, aplaste los bordes hasta convertir cada pelotita en una empanadilla redonda de 2 cm de grosor y póngalas en una bandeja con aceite. Caliente el grill a temperatura máxima.

4 Haga un agujero de 1 cm en el centro de cada empanadilla con el dedo pulgar o con el mango de una cucharilla y añada la nata. Espolvoree el queso sobre las empanadillas, coloque la bandeja en el grill y deje asar hasta que el queso se funda y se tueste.

Nota del chef El paso 1 puede prepararse con antelación o, una vez dada la forma y hecho el agujero, las empanadillas pueden dejarse unas horas hasta que desee cocinarlas.

Patatas duquesa

Sencillas pero espectaculares, estas patatas son un verdadero manjar.

Tiempo de preparación 20 minutos
Tiempo de cocción 40 minutos
Para 4 personas

4 patatas medianas lavadas
3 yemas de huevo
40 g de mantequilla
1 pizca de nuez moscada rallada

1 Precaliente el horno a 250°C. Coloque las patatas en una cacerola grande con agua y sal, llévelas a ebullición, reduzca el fuego y deje hervir a fuego lento de 30 a 35 minutos, o hasta que las patatas estén tiernas y puedan pincharse con la punta de un chuchillo afilado. Escúrralas y, mientras aún están calientes, pele las patatas y hágalas puré en una fuente (vea Técnicas del chef, página 62).

2 Mezcle las yemas de huevo y la mantequilla con una cuchara de madera y añada la nuez moscada y un pellizco de sal. Mezcle bien la masa hasta eliminar los grumos.

3 Rellene una manga pastelera con boca en forma de estrella con la masa de patata y vaya haciendo las rosetas sobre una bandeja para gratinar. Introdúzcala en el horno durante 5 minutos, o hasta que las rosetas se doren. Si lo desea, también puede realizar este paso en un grill.

Nota del chef Las patatas duquesa pueden servirse de mil maneras diferentes. Por ejemplo, sus platos pueden adquirir una apariencia más decorativa si coloca las patatas en los bordes de una bandeja de servir resistente al calor, o hace pequeños "nidos" y los rellena con un salteado de setas silvestres o una salsa cremosa. También puede espolvorear las rosetas con almendras ralladas antes de introducirlas en el horno.

Croquetas de patata almendradas

La humilde patata se convierte en un plato mágico al preparar estas croquetas rebozadas con una crujiente capa de almendra. Hágalas un poco más grandes si desea servirlas como primer plato o incluso como plato principal.

Tiempo de preparación 20 minutos
Tiempo de cocción 1 hora 20 minutos
Para 8 personas

4 patatas grandes lavadas
45 g de mantequilla
2 yemas de huevo
1 pizca de nuez moscada rallada
aceite en abundancia
100 g de harina
2 huevos ligeramente batidos
100 g de almendras molidas
100 g de almendras troceadas

1 Precaliente el horno a 190°C. Pinche las patatas varias veces con un tenedor para permitir que el agua se evapore durante la cocción y evitar que las patatas revienten. Hornéelas entre 45 minutos y 1 hora o hasta que puedan pincharse con la punta de un cuchillo o puedan pellizcarse con el pulgar y el índice.

2 Corte las patatas por la mitad, vacíe la pulpa y colóquela en una fuente. Mientas la pulpa aún está caliente, vaya aplastándola suavemente, añada la mantequilla, las yemas de huevo, la nuez moscada y salpimente al gusto. Remuévalo todo y retírelo unos minutos hasta que se enfríe.

3 Rellene un freidora o una sartén profunda con un tercio de aceite y precaliéntela a 180°C. Sazone la harina con sal y pimienta negra recién molida y, a continuación, espolvoréela en una bandeja. Coloque los huevos enteros ligeramente batidos en un plato aparte. Mezcle las almendras molidas y las troceadas y coloque la mezcla en un tercer plato.

4 Con las manos ahuecadas, dé forma de pelotas de unos 4 cm de diámetro a la masa de patata. Con las palmas de las manos estiradas, enrolle ahora las pelotas de patata hasta convertirlas en cilindros de unos 6 cm de largo. Disponga las croquetas en línea y, utilizando un cuchillo como paleta, aplane ambos extremos de las croquetas para darles a todas una longitud similar.

5 Reboce las croquetas en harina, en el huevo batido y, seguidamente, en las almendras (vea Técnicas del chef, página 63) y fríalas por tandas durante unos 3 ó 4 minutos (vea Técnicas del chef, página 63). Servir inmediatamente.

Nota del chef No recaliente ni sirva las croquetas tapadas, pues su propio vapor quedará atrapado y se reblandecerán. Las almendras troceadas también se venden como picadas.

Patatas chips caseras

Las chips caseras suelen servirse como guarnición de asados de carne y platos similares, pero también pueden acompañar una comida ligera a mediodía.

Tiempo de preparación 15 minutos + 10 minutos en remojo
Tiempo de cocción 10 minutos
Para 4 personas

aceite en abundancia
4 patatas harinosas grandes peladas

1 Rellene una freidora o una sartén profunda con un tercio de aceite y precaliéntela a 180°C. Corte las patatas en rodajas muy finas utilizando un cuchillo afilado o una mandolina de 2 mm (vea Técnicas del chef, página 61). Coloque las rodajas de patata en agua fría durante 10 minutos para eliminar parte del almidón y conseguir con ello un resultado más crujiente.

2 Escurra las rodajas de patata y déjelas secar por completo sobre papel de cocina. Fríalas por tandas en abundante aceite durante unos 3 minutos o hasta que queden doradas (vea Técnicas del chef, página 63) y remuévalas de vez en cuando para evitar que se enganchen unas a otras y conseguir así que se doren por igual. Cuando hayan tomado color, retírelas de la sartén y déjelas escurrir en papel de cocina arrugado. Espolvoree las chips con sal mientras aún están calientes.

Nota del chef El papel de cocina arrugado es el más apropiado para escurrir los fritos, ya que permite una mayor absorción del aceite, porque se desliza por los pliegues. A su vez, dado que la comida no se encuentra sobre una superficie plana y aceitosa, el resultado es mucho más crujiente.

Rösti

Frito como una torta y elaborado a base de patatas ralladas, esta exquisitez suiza, también puede preparase con patatas precocinadas y servirse como plato rápido.

Tiempo de preparación 15 minutos + tiempo de refrigeración
Tiempo de cocción 45 minutos
Para 6 personas

500 g de patatas harinosas grandes lavadas
25 ml de aceite
25 g de mantequilla
1 cebolla cortada en rodajas finas

1 Precaliente el horno a 180°C. Coloque las patatas en una cacerola grande con agua y sal. Lleve a ebullición, reduzca el fuego y deje hervir a fuego lento durante 10 minutos. Escurra las patatas y déjelas enfriar por completo. Pélelas y rállelas en trozos grandes o córtelas en tiras finas.

2 Ponga el aceite a calentar en una sartén refractaria antiadherente y añada la mantequilla. Fría lentamente la cebolla hasta que se torne blanda y transparente. Añada la patata, salpiméntela bien y remuévalo todo durante unos minutos. Aplaste la patata suavemente con una espátula amplia hasta conseguir una torta plana y gruesa. Aumente el fuego y dore la torta por un lado, a continuación, ponga la cacerola al horno y déjela hornear durante 15 minutos.

3 Separe la torta de la sartén, déle la vuelta ayudándose con un plato grande y vuelva a ponerla en la sartén, con la parte dorada hacia arriba. Tenga cuidado de no romper la torta ni quemarse los dedos con el aceite caliente y la mantequilla que pueden escurrirse. Ponga la sartén de nuevo en el fuego 10 minutos más. Por último, coloque la torta en una bandeja y preséntela entera o cortada en porciones.

Patatas Aurore

Este manjar recibe su nombre de la salsa. "Aurore" es el término francés para amanecer y aquí hace referencia al color rosado de la salsa bechamel mezclada con tomate. La mejor manera de disfrutar unas patatas Aurore es sirviéndolas con platos simples de sabores delicados, como pescado, pollo cocido o pescado ligeramente ahumado.

Tiempo de preparación 20 minutos
Tiempo de cocción 50 minutos
Para 4 personas

500 g de patatas pequeñas
1 ramita de menta fresca
250 g de tomates
45 g de mantequilla
1 diente de ajo majado
1 cucharadita de pasta de tomate
1 cucharadita de pimentón
3 cucharadas de harina
300 ml de leche
2 cucharadas de nata de cocinar espesa

1 Retire la piel fina de las patatas y colóquelas en una cacerola grande con agua fría y sal. Añada la menta, lleve a ebullición y reduzca el fuego. Deje hervir a fuego lento 10 minutos, escurra las patatas y déjelas aparte. Tire la ramita de menta.

2 Corte los tomates por la mitad y extraiga las semillas con una cucharilla. Tire las semillas y trocee la pulpa del tomate. Reserve el tomate troceado a un lado.

3 Deshaga 15 mg de mantequilla en una sartén mediana. Añada la pulpa del tomate, la pasta de tomate y el pimentón y deje freír a fuego lento durante unos 5 minutos, o hasta obtener una pasta. Cuele la pasta en un bol pequeño y déjela aparte. Precaliente el horno a 180°C.

4 Deshaga el resto de la mantequilla en una sartén de fondo pesado a fuego bajo o medio. Espolvoree la harina en la sartén y déjela en el fuego 1 ó 2 minutos, sin dejar que se tueste, removiéndola constantemente con una cuchara de madera.

5 Agregue poco a poco la leche y vaya batiéndolo todo vigorosamente hasta que la salsa empiece a espesarse. Bátala hasta que rompa a hervir, reduzca el fuego y deje cocer a fuego lento de 3 a 4 minutos, o hasta que la salsa se adhiera al dorso de una cuchara. Si aparecen grumos en la salsa, cuélela usando un tamiz delgado y vuelva a calentarla en una sartén limpia. Añada sal y pimienta negra al gusto y, a continuación, remueva la mezcla de tomate y la nata de cocinar. Rectifique de sal y pimienta, si es necesario.

6 Agregue las patatas y agite la sartén para que éstas queden bien cubiertas por la salsa. Ponga las patatas y la salsa en una cacerola o bandeja de horno de 1,5 litros de capacidad. Cubra la bandeja con papel de aluminio y deje hornear durante 20 minutos, o hasta que las patatas estén blandas y puedan pincharse con la punta de un cuchillo.

Cestas de barquillo de patata

Las cestas de patata son un adorno clásico y llamativo para presentar algunas guarniciones, como el soufflé de patatas, las hierbas fritas o los dados de verdura.

Tiempo de preparación 10 minutos + 10 minutos en remojo
Tiempo de cocción 20 minutos
Para 4 cestas grandes

2 patatas grandes
aceite en abundancia

1 Rellene una freidora o una sartén profunda con un tercio de aceite y precaliéntela a 180°C. Pele las patatas y corte los extremos para conseguir rodajas similares.

2 Pase las patatas por una mandolina ondulada con cuchillas de 1 mm. Tire la primera rodaja, gire la patata un cuarto hacia la izquierda o hacia la derecha y corte la siguiente rodaja. Repita la operación con toda la patata, dejando siempre un cuarto más entre rodaja y rodaja, girando siempre la patata en la misma dirección. También puede cortar en rodajas las patatas utilizando un cuchillo afilado (vea Técnicas del chef, página 61). Coloque las rodajas en una fuente de agua fría durante 10 minutos para eliminar parte del almidón y conseguir así un acabado más crujiente. Escurra las patatas y séquelas en papel de cocina o servilletas.

3 Sumerja dos moldes de cesta de alambre redondos (uno de unos 7 cm de diámetro y el otro un poco más pequeño) en aceite caliente entre 5 y 10 segundos. A continuación, prepare la primera cesta de patata siguiento el método indicado en la página 61 de las Técnicas del chef. Fría la cesta de patata en aceite abundante de 3 a 5 minutos, o hasta que ésta esté crujiente y dorada. Escurra la cesta de patata, retire el molde con cuidado y añada sal. Repita la operación con las rodajas restantes.

Nota del chef Los moldes utilizados en esta receta se conocen también como moldes nido de pájaro.

Croquetas de patata

"Croqueta" es una palabra procedente del verbo francés "croquer", que significa crujir. La corteza de estas croquetas esconde en su interior un sorprendente relleno de delicioso sabor.

Tiempo de preparación 30 minutos
Tiempo de cocción 45 minutos
Para 14 croquetas

500 g de patatas
1 pizca de nuez moscada rallada
20 g de mantequilla
1 yema de huevo
60 g de harina
3 huevos batidos
1 cucharada de aceite de cacahuete
150 g de pan rallado
aceite en abundancia

CROQUETAS DE JAMÓN AHUMADO
100 g de jamón ahumado cortado a tacos
50 g de queso parmesano rallado
50 g de espinacas cocinadas a la inglesa, picadas

CROQUETAS DE QUESO DE CABRA Y OLIVAS
60 g de olivas negras deshuesadas cortadas
150 g de queso suave de cabra cortado en dados

1 Pele las patatas, córtelas en trozos iguales (ya sean cuartos o mitades, dependiendo del tamaño de las patatas) y colóquelas en una cacerola grande con agua y sal. Llévelas a ebullición, reduzca el fuego y déjelas hervir a fuego lento de 30 a 35 minutos o hasta que puedan pincharse con la punta de un cuchillo.

2 Escurra las patatas, agítelas bien en la cacerola a fuego lento hasta que se sequen, luego tritúrelas finamente (vea Técnicas del chef, página 62). Añada sal, pimienta negra recién molida, la nuez moscada y remuévalo todo con la mantequilla y la yema de huevo. Extienda la mezcla en una bandeja hasta que se enfríe.

3 Para preparar las croquetas de jamón ahumado, incorpore el jamón, el parmesano y las espinacas, añada bastante sal y

pimienta negra y, a continuación, mézclelo todo con la mitad de la masa de patata. Con las manos enharinadas, haga pelotas de unas 2 cucharadas y enróllelas sobre una superficie también enharinada hasta darles forma de cilindros de 6 cm de largo. Cúbralas y déjelas enfriar hasta que estén listas.

4 Para preparar las croquetas de queso de cabra y olivas, mezcle el queso de cabra y las olivas y déjelo a un lado. Prepare las croquetas, como ha hecho antes, con la segunda mitad de la masa de patata. A continuación, utilizando los dedos, haga presión sobre cada croqueta hasta darles forma de rectángulo. Haga una ranura con el dedo índice a lo largo de la croqueta y extienda la mezcla del queso de cabra y las olivas por el interior de dicha ranura, sin llegar a los extremos. Pliegue los extremos, cierre las croquetas hasta cubrir por completo el relleno y enróllelas hasta darles forma de cilindro. Cúbralas y déjelas enfriar hasta que estén listas.

5 Rellene una freidora o una sartén profunda con un tercio de aceite y precaliéntela a 180°C. Añada sal y pimienta negra a la harina y, a continuación, extiéndala en una bandeja. Mezcle los huevos batidos y el aceite de cacahuete en un bol. Ponga el pan rallado en una hoja de papel pastelero untado con mantequilla.

6 Reboce las croquetas en la harina, el huevo y el pan rallado (vea Técnicas del chef, página 63) y fríalas, por tandas, durante 3 ó 4 minutos, o hasta que se doren (vea Técnicas del chef, página 63). Sirva inmediatamente.

Notas del chef Asegúrese de que las patatas hayan quedado bien escurridas en el paso número 2, pues, de lo contrario, la humedad puede hacer que las croquetas exploten y absorban más aceite.

Asegúrese siempre de sacudir o adherir bien el pan rallado sobrante o éste caerá en el aceite al freír, se quemará y se pegará a las croquetas, dándoles un feo aspecto.

Extender el pan rallado en una hoja grande de papel le ayudará a rebozar las croquetas sin ensuciarse los dedos.

Gratén de patatas

Este famoso plato, un cremoso gratén cocinado con leche, procede de la región montañosa de Dauphiné, próxima a la frontera entre Francia e Italia.

*Tiempo de preparación **30 minutos***
*Tiempo de cocción **1 hora***
Para 4 personas, como plato de acompañamiento

500 g de patatas
500 ml de leche
1 pizca de nuez moscada rallada
100 ml de nata de cocinar espesa
1 diente de ajo machacado o majado finamente
100 g de queso suizo rallado

1 Precaliente el horno a 170°C. Pele y corte los extremos de las patatas y, a continuación, hágalas rodajas muy finas con un cuchillo afilado o una mandolina de 2 mm (vea Técnicas del chef, página 61). Colóquelas en una cacerola, cúbrálas con leche y añada sal, pimienta y nuez moscada.

2 Ponga la cacerola a fuego entre lento y medio y deje hervir durante unos 5 minutos, o hasta que las patatas estén prácticamente cocidas, aunque aún duras. Cuélelas y reserve la leche. Unte una bandeja de horno de 20 x 16 cm con mantequilla y disponga las rodajas de forma uniforme en la misma.

3 Vuelva a calentar la leche y déjela hervir a fuego lento durante unos minutos. Agregue la nata de cocinar y el ajo y remueva lentamente. Vuelva a llevar a ebullición y rectifique de sal y pimienta, si es necesario. Deje hervir a fuego lento durante unos minutos más, luego bañe la patata con la leche, espolvoree el queso rallado por encima e introduzca la bandeja en el horno durante unos 35 o 45 minutos, o hasta que la patata esté tierna y la parte superior, gratinada.

Nota del chef Asegúrese de añadir bastante pimienta y sal a la salsa o el plato quedará un poco insípido.

Ñoquis de patata

Estas populares bolitas pueden servirse como entrante, como plato principal con ensalada o, incluso, para acompañar un asado de carne.

*Tiempo de preparación **30 minutos***
*Tiempo de cocción **50 minutos***
Para 4–6 personas

1 kg de patatas harinosas lavadas
220 g de harina
1 cucharadita de sal
1 pizca de nuez moscada molida

1 Coloque las patatas en una cacerola grande con agua y sal. Lleve a ebullición, reduzca el fuego y deje hervir a fuego lento entre 30 y 35 minutos o hasta que las patatas estén tiernas y puedan pincharse con la punta de un cuchillo. Escurra las patatas y déjelas enfriar un poco antes de pelarlas.

2 Chafe las patatas directamente sobre una superficie lige-ramente enharinada (vea Técnicas del chef, página 62). Tamice la harina, la sal y la nuez moscada sobre la masa de patata templada y amase bien (procure no amasar demasiado la mezcla o adquirirá una textura pegajosa). Limpie la superficie y enharínela ligeramente de nuevo. Cogiendo un pellizco de masa cada vez, enrolle la mezcla en bolitas de 2 cm de largo.

3 Lleve una cacerola con agua y sal a ebullición y sumerja suavemente en ella los ñoquis. No llene demasiado la cacerola para evitar que los ñoquis se enganchen unos a otros (tendrá que cocinarlos por tandas). Cuando los ñoquis flo-ten, extráigalos con una espumadera y colóquelos en una bandeja de servir con un poco de aceite. Sírvalos con salsa de tomate caliente y queso rallado.

Nota del chef Las patatas rey Eduardo y las sebago son ideales para preparar esta receta.

Gratén de patatas (parte superior) con Ñoquis de patata

Patatas asadas

Los asados de carne nunca son lo mismo sin unas deliciosas patatas asadas, doradas y crujientes. Los ingredientes más simples, el aceite de oliva, el romero y la sal, le ayudarán a conseguir un resultado exquisito.

*Tiempo de preparación **15 minutos***
*Tiempo de cocción **50 minutos***
Para 4 personas

I kg de patatas harinosas
aceite para cocinar

1 Precaliente el horno a 190°C. Pele las patatas y córtelas en trozos iguales (ya sean cuartos o mitades, dependiendo del tamaño de las patatas). Colóquelas en una cacerola grande con agua y sal, lleve a ebullición, reduzca el fuego y deje hervir a fuego lento durante unos 5 minutos. Escúrralas y, mientras las patatas aún estén calientes, envuélvalas una por una en un trapo y ralle la superficie con un tenedor. Vuelva a ponerlas en la cacerola y tápelas para mantenerlas calientes.
2 Precaliente una fuente de horno a fuego alto y añada 1 cm de aceite, más o menos. Cuando el aceite empiece a echar humo, agregue una sola capa de patatas. Báñelas en el aceite caliente para dorar todos los lados. Déjelas al fuego durante unos 40 minutos, o hasta que las patatas hayan tomado color, dándoles vueltas y añadiéndoles aceite de vez en cuando. Escúrralas en papel de cocina, sálelas y sírvalas mientras aún están calientes.

Notas del chef Las patatas rey Eduardo, spunta y sebago son las más adecuadas para asar.

Hierva las patatas antes de asarlas para eliminar el exceso de almidón de la superficie y conseguir unas patatas más secas y crujientes. Ralle la superficie para conseguir así una textura más crujiente. El baño en aceite caliente cerrará suavemente las patatas, dejando los centros blandos y sin aceite.

Si las patatas han de servir como guarnición a un asado, en vez de cocinarlas en una cacerola diferente, colóquelas en el jugo de la carne mientras ésta se cocina y conseguirá unas patatas más sabrosas.

Para las ocasiones especiales, corte los picos cuadrados. Las patatas redondeadas se enrollaran fácilmente en la asadora y quedarán crujientes y perfectamente doradas. He aquí el secreto de la patata asada perfecta.

Patatas dauphine

Esponjosas y doradas, las patatas dauphine, hechas a base de puré de patata mezclado con pasta de lionesas, son un acompañamiento espectacular para cualquier asado, especialmente si la carne es de ave de corral.

Tiempo de preparación **30 minutos**
Tiempo de cocción **1 hora**
Para 10 patatas

1 kg de patatas harinosas
aceite en abundancia

PASTA DE LIONESAS
50 g de mantequilla
70 g de harina
2 huevos ligeramente batidos

1   Pele las patatas y córtelas en partes iguales. Colóquelas en una cacerola grande con agua y sal. Lleve a ebullición, reduzca luego el fuego y deje hervir a fuego lento entre 30 y 35 minutos, o hasta que las patatas puedan pincharse con un cuchillo. A continuación, escúrralas.

2   Agite las patatas en la cacerola a fuego lento hasta eliminar cualquier resto de humedad, macháquelas (vea Técnicas del chef, página 62) hasta hacerlas puré. Páselas a un bol, cúbralas para mantenerlas calientes y déjelas apartadas por unos minutos. Añada un tercio de aceite en una freidora o sartén profunda y precaliéntela a 170°C.

3   Para preparar el relleno, coloque la mantequilla con un pellizco de sal y 125 ml de agua en una cacerola profunda. Lleve a ebullición, retire la cacerola del fuego y añada inmediatamente toda la harina, removiéndolo todo bien con una cuchara de madera. Vuelva a colocar la cacerola en el fuego y deje cocer a fuego lento, removiendo constantemente, hasta que la mezcla se separe de los bordes de la cacerola. Retírela del fuego y deje enfriar la pasta ligeramente, para que los huevos no se cuezan al añadirlos.

4   Añada poco a poco los huevos, batiendo bien la mezcla entre añadidura y añadidura. (La masa quedará cada vez más suelta, pero adquirirá consistencia a medida que la vaya batiendo.) Es posible que no necesite añadir todos los huevos. Lo único que ha de hacer para saber cuándo está lista la masa es comprobar que, al dar la vuelta a la cuchara, la masa no se le quede adherida.

5   Mezcle ahora el puré de patatas hasta conseguir una masa homogénea, añada sal y déjelo enfriar. A continuación, haga bolitas de unos 3 cm de diámetro y fríalas por tandas hasta que queden doradas (vea Técnicas del chef, página 63). Sirva las patatas dauphine inmediatamente.

Nota del chef Si lo desea, para preparar la pasta de lionesas, puede sustituir la harina normal por harina integral.

Abanicos de patata con bacon y parmesano

Estos exquisitos abanicos de patata son el acompañamiento perfecto para pescados, aves de caza o pollo.

Tiempo de preparación 20 minutos
Tiempo de cocción 1 hora 15 minutos
Para 6 personas

6 patatas medianas
2 lonchas de bacon cortadas a tacos
1 diente de ajo majado
1 litro de caldo de pollo
40 g de queso parmesano rallado

1   Precaliente el horno a 170°C. Pele las patatas y hágales cortes horizontalmente, siguiendo el método indicado en la página 61 de las Técnicas del chef. Inserte un trocito de bacon en cada uno de los cortes.

2   Ponga mantequilla en una sartén y agregue el ajo majado. Añada sal y pimienta negra recién molida a las patatas y colóquelas con los cortes hacia arriba en la sartén. Riegue las patatas con el caldo hasta que las cubra más o menos por la mitad.

3   Coloque la sartén en el fuego y deje que el caldo hierva a fuego lento, transfiéralo a continuación al horno y déjelo cocer durante 20 minutos. Espolvoree el queso sobre las patatas y vuelva a introducirlas en el horno durante 30 ó 40 minutos más o hasta que las patatas estén doradas y puedan pincharse con la punta de un cuchillo.

Nota del chef Los restos de patata pueden emplearse para preparar sopa o puré de patatas.

Patatas rellenas de caviar

Estas lujosas patatas de fácil preparación darán un toque de elegancia a cualquier ocasión especial.

Tiempo de preparación 10 minutos
Tiempo de cocción 25 minutos
Para 4 personas

8 patatas redondas pequeñas
500 ml de caldo de pescado
120 g de caviar
80 g de nata o crema agria

1   Pele las patatas y corte uno de los extremos para que puedan aguantarse de pie en el plato. Vacíe los centros de las patatas utilizando un vaciador de manzanas, empezando por arriba, pero sin llegar a la base. (En esta cavidad se colocará el relleno.) Cuando haya dejado un hueco apropiado, tan sólo redondee los bordes con un cuchillo afilado.

2   Ponga mantequilla en la base de una cacerola, agregue las patatas y cúbralas con el caldo de pescado. Lleve a ebullición todo el conjunto, en ese momento reduzca el fuego y deje hervir a fuego lento durante 20 ó 25 minutos o hasta que las patatas puedan pincharse con un cuchillo o una brocheta.

3   Escurra bien las patatas y rellene los interiores con un montoncito de caviar. Cubra el relleno con una cucharadita de nata o crema agria y un poco de caviar.

Nota del chef Si no dispone de caviar o éste resulta excesivamente caro, puede sustituirlo perfectamente por huevas de pescado. Las huevas de salmón o de keta sirven para preparar una variante exquisita de esta receta.

Patatas Delmonico

*Esta receta fue inventada y recibe su nombre del chef
y propietario de un restaurante del siglo XIX,
también denominado Delmonico.*

Tiempo de preparación **30 minutos**
Tiempo de cocción **30 minutos**
Para 4 personas

4 patatas medianas
350 ml de leche
50 g de pan rallado

1   Precaliente el horno a 180°C. Pele las patatats, córtelas en
daditos y colóquelas en una cacerola con la leche. Añada sal
y pimienta negra recién molida.

2   Lleve la mezcla a ebullición y, una vez rompa el hervor,
retírela del fuego. Colóquela después en una bandeja de
horno ovalada de 1,5 litros de capacidad y de 20 x 16 cm,
esparza las patatas en una capa plana. La leche ha de cubrir
casi por completo las patatas (elimine la leche sobrante con
una cuchara o añada un poco más si es necesario).

3   Espolvoree el pan rallado homogéneamente por encima
de las patatas, en su totalidad, y déjelo reposar durante unos
5 minutos para que la leche lo absorba.

4   Coloque la bandeja en el horno y déjela cocer durante
unos 20 minutos o hasta que la parte superior se dore. Deje
reposar entre 10 y 15 minutos antes de servir.

Notas del chef Para obtener unas Patatas Delmonico más
sabrosas, mezcle dos cucharadas de queso rallado con el pan
rallado antes de espolvorearlo por encima de las patatas.

Pára preparar una variante deliciosa de esta receta, sustituya las patatas normales por patatas dulces. Dado que las
patatas dulces tienen un mayor contenido de agua, deben
prepararse en una bandeja más profunda y el tiempo de
cocción debe prolongarse unos minutos más.

Patatas esponjosas

*Estas patatas de color dorado bañadas en caldo
constituyen un sabroso acompañamiento
para cualquier receta de pollo
o asado de carne.*

Tiempo de preparación **30 minutos**
Tiempo de cocción **40 minutos**
Para 2 personas

**4 patatas medianas
500 ml de caldo de pollo
50 g de mantequilla derretida**

1   Precaliente el horno a 180°C. Pele las patatas y, a continuación, utilizando un cuchillo pequeño o un pelapatatas,
déles una forma uniforme siguiendo el método indicado en
la página 62 de las *Técnicas del chef*.
2   Coloque las patatas en una bandeja de horno poco
profunda. Riéguelas con el caldo de pollo hasta que queden
cubiertas más o menos por la mitad (la cantidad de caldo
variará dependiendo del tamaño de la bandeja en la que se
cocinen las patatas).
3   Pinte la cara superior de las patatas con mantequilla
derretida, espolvoréelas con una pizca de sal e introduzca las
patatas en el horno durante 30 ó 40 minutos, o hasta que
estén doradas y puedan pincharse con la punta de un
cuchillo. Retire con cuidado las patatas del caldo y sírvalas
mientras aún estén calientes.

Nota del chef Puede preparar este plato sin necesidad de dar
la vuelta a las patatas, siempre que éstas sean de un tamaño
similar, pues el único fin de tostarlas por ambos lados es
conseguir un plato más decorativo.

Patatas Maxim's

*La exquisita presentación de estas patatas hace honor a
la elegancia del célebre restaurante parisino Maxim's.*

Tiempo de preparación **15 minutos**
Tiempo de cocción **15 minutos**
Para 4 personas

**600 g de patatas pequeñas
125 g de mantequilla clarificada (véase la página 60)**

1   Precaliente el horno a 240°C. Pele las patatas, hágalas rodajas finas con un cuchillo afilado o una mandolina de 2 mm
(vea Técnicas del chef página 61) y rebócelas en sal.
2   Caliente la mantequilla clarificada y vierta la mitad en una
bandeja de horno. Coloque en ella una primera rodaja de patata
(centro de la flor) y, a continuación, superponga otras cinco o
seis rodajas más. Repita la operación con las rodajas sobrantes
y píntelas con la mantequilla. Introduzca la bandeja en el horno
durante 6 u 8 minutos, o hasta que los bordes estén tostados.
Deles la vuelta a las patatas. Deje cocer durante otros 2 ó 3 minutos, o hasta que ambas caras de las patatas estén doradas y los
bordes muy crujientes. Déjelas enfriar en una cesta de alambre
durante 5 minutos y séquelas a golpecitos.
3   También puede colocar las rodajas en una sartén antiadherente. Bañe con aceite los círculos de patata y déjelos
cocer a fuego medio. Agite la sartén suavemente para evitar
que las patatatas se peguen. A medida que se vayan coci-
nando, los círculos de patata se despegarán y flotarán en la
mantequilla; cuando los bordes estén tostados, déles la vuelta
y déjelos cocer entre 1 y 2 minutos más. Escúrralos en la cesta.
4   Para recalentar las patatas, colóquelas en la cesta de
alambre e introdúzcalas en el horno durante 2 ó 3 minutos.
Sírvalas inmediatamente.

Patatas libro

Una manera atractiva e informal de servir patatas.. Los cortes profundos en las patatas se convierten en capas crujientes, bajo un apetitoso acabado a base de pan rallado y queso. Sírvalas calientes con asado de ternera, cordero, aves de caza o aves de corral.

Tiempo de preparación 10 minutos
Tiempo de cocción 45 minutos
Para 6 personas

6 patatas de tamaño similar
30 g de mantequilla
1 cucharada de pan rallado
2 cucharadas de queso fuerte rallado (por ejemplo, de queso cheddar o parmesano)

1 Precaliente el horno a 220°C. Ponga aceite en un molde o bandeja de horno y déjelo a un lado.

2 Pele las patatas hasta darles un tamaño parecido. A continuación, hágales cortes transversales profundos teniendo cuidado de no llegar a cortar la base, siguiendo el método indicado en la página 61 de las Técnicas del chef. Coloque las patatas con los cortes hacia arriba en la bandeja. Añádales sal y pimienta, úntelas levemente con mantequilla e introdúzcalas en el horno durante 30 minutos.

3 Retire la bandeja del horno y rocíe las patatas con la mantequilla derretida. Espolvoree el pan rallado y el queso por encima de las patatas y vuelva a introducir la bandeja en el horno durante 15 minutos más, o hasta que las patatas puedan pincharse con la punta de un cuchillo.

Nota del chef Si desea conseguir un plato más sabroso, cuando vaya a servir patatas libro como acompañamiento de asados de carne, añada romero o tomillo picado a la capa de pan rallado y queso.

Pastel borbonés

Los habitantes borboneses son célebres por su apetito insaciable y, en particular, por su pasión por los platos y sopas de verduras. Este pastel es un embajador insuperable de la cocina de la región.

Tiempo de preparación 35 minutos + 30 minutos de refrigeración
Tiempo de cocción 1 hora 30 minutos
Para 4 personas

PASTA QUEBRADA
200 g de harina
1 1/2 cucharada de sal
100 g de mantequilla cortada a dados
1 huevo ligeramente batido

200 g de patatas lavadas
120 g de bacon cortado en tacos
100 ml de nata de cocinar
3 yemas de huevo
90 g queso suizo o cheddar rallado

1   Para preparar la pasta quebrada, tamice una fuente con harina y sal. Mezcle la mantequilla deshaciéndola con la punta de los dedos hasta que la harina adquiera un color uniforme y una textura pastosa. Haga un hueco en el centro y añada el huevo batido y una cucharada de agua. Amase bien la mezcla y vaya dando a la masa forma de pelota. Envuélvala en film transparente y déjela reposar en el congelador durante 30 minutos.

2   Precaliente el horno a 200°C. Coloque las patatas en una cacerola grande con agua y sal y lleve a ebullición. Reduzca el fuego y deje hervir entre 30 y 35 minutos, o hasta que las patatas puedan pincharse con la punta de un cuchillo.

Escúrralas y déjelas enfriar, pélelas, córtelas en rodajas finas y resérvelas en una fuente.

3   Coloque el bacon en una cacerola pequeña y cúbralo con agua fría. Llévelo a ebullición, escúrralo, refrésquelo en agua fría y séquelo a golpecitos. Ponga una sartén con aceite a calentar, dore el bacon ligeramente, escúrralo en papel de cocina y añádalo a las patatas.

4   Ponga la nata en una cacerola y déjela hervir a fuego lento hasta que se reduzca a la mitad. Déjela enfriar a un lado. Bata dos yemas de huevo y viértalas sobre el bacon y la patata. Añada el queso y mézclelo suavemente hasta obtener una masa homogénea. Condimente con sal y pimienta al gusto.

5   Divida en dos la masa y haga con cada porción un círculo de 20 cm de diámetro por 2 mm de grosor. Coloque una de las porciones en una bandeja pastelera untada con mantequilla. Extienda la mezcla de patata por encima, dejando un borde de 2,5 cm. Bata la yema de huevo restante con 2 cucharaditas de agua y pinte ligeramente los bordes de la mezcla, hasta que quede húmeda, pero no mojada.

6   Cubra por completo el relleno con la segunda porción de pasta quebrada. (Evite estirar la masa, pues podría agrietarse y el relleno podría colarse por las grietas mientras se cocina.) Selle los bordes y pliegue el borde exterior hacia dentro alrededor de todo el pastel a modo de trenza. Pinte el pastel con más huevo.

7   Perfore el centro del pastel con la punta de un cuchillo y haga un agujero de un 1 cm de ancho. Vuelva a pasar una capa de huevo e introduzca la bandeja en el horno durante 20 ó 30 minutos o hasta que el pastel adquiera un aspecto dorado.

Patatas salteadas

Una de las maneras más simples de preparar patatas y también uno de los platos preferidos de toda la familia.

*Tiempo de preparación **20 minutos***
*Tiempo de cocción **20 minutos***
Para 4 personas

3 patatas harinosas medianas
3 cucharadas de aceite para freír
40 g de mantequilla

1 Pele las patatas y córtelas en dados de 1,5 cm. Colóquelas en un bol de agua fría hasta que vaya a cocinarlas.

2 Escurra los dados de patata y séquelos a golpecitos para eliminar cualquier exceso de almidón que pueda causar la adherencia de las patatas a la sartén.

3 Ponga una sartén antiadherente a fuego moderado o alto y añada aceite. Cuando éste esté caliente, agregue los dados de patata y remuévalos o déles la vuelta hasta cubrirlos con el aceite. Vaya añadiendo aceite a los dados de patata y déjelos en el fuego de 10 a 15 minutos o hasta que las patatas estén doradas por completo y cocidas por dentro. Escúrralas en un colador para eliminar el aceite.

4 Deshaga la mantequilla en la misma sartén y, a continuación, añada de nuevo los dados de patata. Déles vueltas en la sartén hasta que la mantequilla los cubra por igual. Agregue sal y pimienta negra recién molida al gusto.

Puré de patatas

De las infinitas maneras de preparar el puré de patatas, ésta es la receta más cremosa.

*Tiempo de preparación **10 minutos***
*Tiempo de cocción **35 minutos***
Para 4 personas

4 patatas harinosas medianas
250 ml de leche o nata de cocinar
20 g de mantequilla o margarina

1 Pele las patatas, divídalas en cuartos y colóquelas en una cacerola grande con agua y sal. Cuando rompa el hervor, reduzca el fuego y deje hervir a fuego lento entre 30 y 35 minutos, o hasta que las patatas puedan pincharse con la punta de un cuchillo.

2 Lleve la leche o nata a ebullición, retírela del fuego y apártela.

3 Escurra las patatas y páselas a una fuente resistente al calor. Chafe las patatas con un tenedor grande o con un pasapurés, mezclándolas poco a poco con bastante mantequilla y la leche caliente para dar consistencia al puré. Asegúrese de que no queden grumos. Añada sal y pimienta negra recién molida al gusto.

Nota del chef Para variar el sabor del puré, añada sus hierbas favoritas a la leche o nata caliente o triture y mezcle con el puré cualquier otra hortaliza. Puede sustituir la mantequilla por aceite de oliva.

Flanes de patata

*Si bien el término "flan" suele emplearse para designar una tarta abierta, en Francia y en España también se usa
para describir el tipo de natillas hechas en un molde y servidas frías. Estos flanes aromatizados con
hierbas y condensados con huevo hacen de las patatas una guarnición exquisita.*

*Tiempo de preparación **30 minutos***
*Tiempo de cocción **1 hora***
Para 4 personas

8 patatas pequeñas de unos 100 g cada una
2 cucharadas de nata de cocinar espesa
60 g de mantequilla derretida
2 huevos
1 pizca de nuez moscada rallada
1 cucharada de perejil o clavos frescos majados

1   Precaliente el horno a 200°C. Lave las patatas en agua fría
y envuélvalas en papel de aluminio sin secarlas. Introdúzcalas
en el horno durante unos 30 ó 40 minutos o hasta que
puedan pincharse con la punta de un cuchillo. Mientras aún
están calientes, pele las patatas y macháquelas en una fuente
(vea Técnicas del chef, página 62). Debería conseguir una
cantidad aproximada de 400 g de puré. Coloque la fuente en
una cacerola poco profunda con agua caliente para man-
tener el puré templado.

2   Unte ligeramente con mantequilla cuatro moldes para
horno individuales, de unos 125 ml de capacidad, y déjelos
enfriar. Ponga una capa doble de papel de cocina en una
bandeja de horno y resérvela a un lado.

3   Coloque la nata en un cazo, llévela a ebullición y, en ese
momento, retírela del fuego.

4   Con una cuchara de madera, mezcle la mantequilla derretida con el puré de patatas, rascando los bordes de la fuente.
Agregue los huevos de uno en uno, añada la nuez moscada,
sal y pimienta negra recién molida y vuelva a rascar los
bordes de la fuente. Mézclelo todo bien, removiéndolo con el
perejil y los clavos. Para finalizar, añada únicamente la
cantidad justa de nata para que la mezcla quede cremosa. (Si
añade demasiada nata, la crema se cuajará.)

5   Divida la masa en los moldes enfriados, rellenándolos por
completo y colóquelos en la bandeja de horno que tenía
preparada. Cubra cada uno de los moldes con un círculo de
papel pastelero untado con mantequilla, rellene hasta la
mitad la bandeja con agua hirviendo y colóquela en el horno.
Deje cocinar durante unos 20 minutos, o hasta que el cuchillo salga limpio tras insertarlo en el centro de los moldes.
Retire con cuidado los moldes de la bandeja y déjelos reposar
durante unos 10 ó 15 minutos antes de extraerlos.

Nota del chef En lugar de patatas normales, puede utilizar
patatas dulces parar preparar esta receta. Introdúzcalas en el
horno durante aproximadamente 1 hora o hasta que estén
tiernas y, a continuación, siga las instrucciones dadas para la
preparación de las patatas normales.

Chowder de maíz y patata

*Si bien esta sabrosa sopa no es un auténtico chowder
(sopa espesa de pescado) pues no contiene pescado,
su textura densa y rica sí hace honor a su nombre.*

Tiempo de preparación 25 minutos
Tiempo de cocción 45 minutos
Para 4 personas

1 cucharada de aceite
100 g de bacon troceado en tacos de 5 mm
300 g de patatas peladas y cortadas en dados de 5 mm
400 g de granos de maíz natural, congelado o de lata
1 litro de agua o caldo de pollo
500 ml de nata de cocinar espesa
1 cucharada de hojas de cilantro frescas picadas

1   Ponga a calentar el aceite en una olla grande y, a
continuación, fría los dados de bacon a fuego lento durante
unos 6 ó 9 minutos. Añada la patata y el maíz y deje cocer
entre 3 y 5 minutos, o hasta que se haya evaporado el agua.
2   Añada el caldo o agua de pollo, lleve a ebullición y, a
continuación, reduzca el fuego y deje hervir a fuego lento
durante otros 25 minutos, o hasta que las patatas puedan
pincharse con la punta de un cuchillo. Agregue la nata de
cocinar, deje hervir a fuego lento durante 5 minutos más y
condimente el plato al gusto. Añada las hojas de cilantro justo
antes de servir el plato.

Nota del chef Para dar más color a su plato, puede añadir un
pimiento troceado junto con las patatas y el maíz, y un diente
de ajo muy picado al caldo de pollo.

Potaje Parmentier

*Antoine Augustin Parmentier era un gran gastrónomo
del siglo XVIII de quien se dice que popularizó
las patatas entre los franceses. ¡Hasta entonces,
las patatas se consideraban alimento del demonio!*

Tiempo de preparación 15 minutos
Tiempo de cocción 45 minutos
Para 4 personas

2 patatas medianas
2 puerros pequeños (sólo la parte blanca)
60 g de mantequilla

1   Pele las patatas y córtelas a cuartos a lo largo; a continuación, córtelas en rodajas finas y póngalas en agua fría hasta
que estén listas. Corte las raíces de los puerros y, luego, corte
cada puerro por la mitad a lo largo y a rodajas muy finas.
2   En una olla grande, deshaga la mantequilla, agregue los
puerros y póngalo todo a cocer a fuego lento durante unos
8 minutos, o hasta que los puerros estén tiernos y todo el
líquido se haya evaporado. Añada las rodajas de patata y
1,25 litros de agua. Lleve a ebullición, reduzca el fuego y deje
hervir a fuego lento durante 30 minutos, o hasta que las
patatas puedan pincharse con la punta de un cuchillo
afilado, mientras con una espumadera elimina cualquier
resto de grasa o espuma que aparezca en la superficie.
Condimente al gusto con sal y pimienta negra recién molida.

Nota del chef Esta sopa puede servirse tal cual; sin embargo,
si prefiere obtener una textura más cremosa, pase la sopa por
un robot de cocina, luego escúrrala y llévela a ebullición a
fuego lento antes de servirla.

Chowder con maíz y patata (parte inferior) con Potaje Parmentier

Patatas indias picantes

Estas patatas ligeramente picantes pueden servirse como alternativa a las guarniciones tradicionales de a diario. Sustituya la típica ensalada de patatas por este plato frío para acompañar sus carnes a la brasa.

Tiempo de preparación **30 minutos**
Tiempo de cocción **40 minutos**
Para 4 personas

500 g de patatas pequeñas
2 cucharadas de aceite de oliva
1 cebolla picada
1 cucharadita de jengibre natural rallado
1/2 cucharadita de azafrán en grano
1 guindilla verde sin semillas y picada
1 cucharadita de comino en grano
1 cucharada de hojas de cilantro, picadas

1   Precaliente el horno a 180°C. Ralle la piel fina de las patatas y colóquelas en una cacerola grande con agua y sal. Llévelas a ebullición, reduzca el fuego y déjelas hervir a fuego lento durante 10 minutos. Escurra las patatas y déjelas a un lado.

2   Ponga el aceite a calentar en una sartén a fuego moderado y, a continuación, fría la cebolla durante unos 2 minutos o hasta que se vuelva transparente. Añada entonces el jengibre, el azafrán, la guindilla, el comino y un pellizco de sal y déjelo todo en el fuego 1 minuto más, sin dejar de remover.

3   Añada ahora las patatas y rebócelas en las especias hasta que queden bien recubiertas. Colóquelas en una bandeja de horno, vertiendo cualquier resto de la mezcla de especias sobre la capa superior de patatas y déjelas hornear durante unos 20 minutos, o hasta que las patatas puedan pincharse con la punta de un cuchillo. Espolvoree el cilantro justo antes de servir las patatas. Sírvalas frías o calientes con carnes a la brasa y platos indios.

Tortas de patata

Parecidas a los blinis, estas tortas quedan deliciosas con salmón ahumado, caviar, nata de cocinar y clavos.
Y, si lo que desea es conseguir un sabor sorprendente, añada bacon o finas hierbas picadas a la nata de cocinar.

Tiempo de preparación 15 minutos + 45 minutos de refrigeración
Tiempo de cocción 1 hora 30 minutos
Para 12 tortas grandes

4 patatas harinosas medianas
315 ml de leche
3 cucharadas de harina
3 huevos
3 cucharadas de nata de cocinar espesa o crema agria
1 pizca de nuez moscada
1 clara de huevo
aceite o mantequilla clarificada
  (vea Técnicas del chef) para freír

1 Precaliente el horno a 150°C. Pele las patatas y córtelas a cuartos. Colóquelas en una cacerola grande con agua y sal. Llévelas a ebullición, luego reduzca el fuego y déjelas hervir a fuego lento unos 35 minutos, o hasta que puedan pincharse con la punta de un cuchillo. Escurra las patatas y aclárelas en agua fría, séquelas en el horno durante 15 minutos. Chafe cuidadosamente las patatas hasta que quede una masa suave (vea Técnicas del chef, página 62), y déjela en el horno para que no se enfríe.

2 Coloque 10 cubitos de hielo en una fuente grande. Añada 500 ml de agua e introduzca con cuidado una segunda fuente más pequeña en su interior. Déjelo todo a un lado.

3 Lleve la leche a ebullición. Añada la patata y remueva con una cuchara de madera hasta que la mezcla esté lo bastante líquida como para no quedar enganchada a la cuchara. Viértala en la fuente de agua helada y remueva hasta que deje de salir vapor de la mezcla. Déjela 45 minutos como mínimo o hasta que esté completamente fría.

4 Espolvoree la harina sobre la mezcla y remuévalo todo con delicadeza. Vaya añadiendo los huevos, uno a uno, asegurándose de que cada huevo esté completamente mezclado antes de añadir el siguiente. Vierta la nata, añada sal, pimienta y nuez moscada al gusto. Bata la clara de huevo a punto de nieve muy firme en un bol pequeño y seco y, a continuación, viértala en la mezcla de patatas y huevo. Debería obtener una mezcla de consistencia similar a la de la masa para pasteles. Si le parece que la masa queda demasiado suelta, añada otra clara de huevo batida.

5 Precaliente una bandeja pastelera o una sartén para crêpes a fuego bajo o moderado. Unte la sartén caliente con dos cucharadas de aceite o mantequilla clarificada y añada inmediatamente 80 ml de masa. Déjela en el fuego hasta que la superficie aparezca espumosa y los bordes se hayan estabilizado y no exista riesgo de que se muevan al agitar la sartén. A continuación, déle la vuelta a la torta y deje que se haga por la otra cara. Escúrrala en papel de cocina y manténgala caliente mientras cocina el resto de las tortas.

Patatas lionesas

Lyón es conocida por su exquisita cocina. Las cebollas glaseadas y el perejil majado son los rasgos lioneses que caracterizan este sencillo plato salteado.

Tiempo de preparación **30 minutos**
Tiempo de cocción **30 minutos**
Para 4–6 personas

4 patatas medianas
80 g de mantequilla
1 cebolla pequeña cortada en dados pequeños
1 cucharada de perejil muy majado

1 Pele y corte las patatas siguiendo el método para cortar en láminas indicado en la página 61 de las Técnicas del chef. Elimine los bordes y corte las patatas en finas láminas con un cuchillo afilado o una mandolina de 2 mm. Coloque las láminas en una fuente y cúbralas con agua fría hasta que vaya a usarlas.
2 Ponga una sartén de fondo pesado a calentar a fuego medio. Añada la mitad de la mantequilla, toda la cebolla y sazónelo bien. Fría la cebolla hasta que esté tierna y transparente, procurando que no se tueste excesivamente. Retire la sartén del fuego y déjela a un lado.
3 Escurra bien las láminas de patata y séquelas a golpecitos. Agregue el resto de mantequilla a la sartén. Cuando se haya derretido por completo, disponga las patatas sobre la base de la sartén y, a continuación, rebócelas o remuévalas hasta que queden cubiertas de manera uniforme. Ponga de nuevo la sartén a fuego lento, y vaya dándole vueltas a las patatas regularmente, hasta que los bordes queden dorados y las láminas estén bien hechas. Vierta de nuevo la cebolla en la sartén, añada perejil majado y mézclelo todo bien. Rectifique de sal y pimienta, si es necesario, antes de servir las patatas.

Bollitos de patata

Estos deliciosos bollitos de patata pueden servirse con bacon a la plancha o con mantequilla y mermelada o miel, ya sea como desayuno o como almuerzo.

Tiempo de preparación **10 minutos**
Tiempo de cocción **45 minutos**
Para 12 bollitos

500 g de patatas
60 g de mantequilla a temperatura ambiente
60 g de harina
1 cucharada de levadura en polvo
1 pizca generosa de nuez moscada rallada

1 Pele las patatas y colóquelas en una cacerola grande con agua y sal. Llévelas a ebullición, reduzca el fuego, déjelas hervir entre 30 y 35 minutos y, una vez transcurrido dicho tiempo, escúrralas bien y acabe de secarlas en la cacerola a fuego lento.
2 Chafe las patatas hasta obtener una masa suave (vea Técnicas del chef, página 62) y vaya añadiendo mantequilla poco a poco. Incorpore la harina, la levadura, la nuez moscada y un poco de sal en una fuente. Añada el puré de patata y, con un cuchillo de punta redondeada, mézclelo todo bien. Dado que la levadura se infla con el calor y la humedad, deberá utilizar toda la masa a la vez.
3 Divida la masa en porciones de 1,5 cm de grosor. Utilice un molde circular de 4 cm de diámetro y corte 12 porciones. Coloque una sartén de fondo pesado o una plancha a fuego medio y enharínelas ligeramente. Fría los bollitos durante unos 8 minutos, dándoles la vuelta al cabo de 4 minutos. Sírvalos calientes.

Cazuela de patatas y alcachofas de Jerusalén

Las alcachofas de Jerusalén no son verdaderas alcachofas, sino una variedad de girasol. Su forma recuerda a una raíz de jengibre y su sabor dulzón da un toque característico a este plato. Esta cazuela resulta ideal para acompañar los platos de cordero y de ternera.

Tiempo de preparación 35 minutos
Tiempo de cocción 55 minutos
Para 4–6 personas

250 g de patatas pequeñas
500 g de alcachofas de Jerusalén peladas y cortadas de forma homogénea (vea Nota del chef)
500 ml de leche
45 g de mantequilla
250 g de champiñones pequeños sin tallos
30 g de harina
2 cucharadas de nata de cocinar espesa
1 pizca de nuez moscada

1 Raspe la piel fina de las patatas y colóquelas en una cacerola grande con agua y sal. Llévelas a ebullición, reduzca el fuego y deje hervir a fuego lento durante 10 minutos. Escurra las patatas y déjelas a un lado. Coloque las alcachofas de Jerusalén en una cacerola, vierta la leche y lleve a ebullición. A continuación, reduzca el fuego y deje hervir a fuego lento durante 10 minutos, o hasta que las alcachofas estén tiernas. Escúrralas y guarde el líquido.

2 Derrita un tercio de la mantequilla en una sartén de fondo pesado a fuego alto. Agregue los champiñones, déjelos freír durante 1 minuto, retire la sartén del fuego y colóquela a un lado. Limpie y seque la sartén con papel de cocina y caliente la mantequilla restante a fuego medio o lento. Enharine la base de la sartén y déjela en el fuego durante 1 ó 2 minutos, removiendo la harina con una cuchara de madera para evitar que se tueste.

3 Añada poco a poco la leche, removiéndola con fuerza para evitar que aparezcan grumos. A fuego medio, remueva la mezcla hasta llevarla a ebullición, reduzca entonces el fuego y deje cocer la salsa unos 4 minutos, o hasta que se pegue en el dorso de la cuchara. Si aparecen grumos en la salsa, cuélela sobre una sartén limpia y vuelva a calentarla. Añada la nata y condimente la salsa con sal, nuez moscada al gusto y pimienta negra recién molida. Mientras tanto, precaliente el horno a 180°C.

4 Coloque las patatas, las alcachofas y los champiñones en una cacerola de barro resistente al fuego y cúbralo todo con la salsa. Agite la cacerola levemente para asegurarse de que las verduras queden bien recubiertas. Cuando la salsa empiece a hervir, retírela del fuego, tape la cacerola, introdúzcala en el horno y déjela cocer entre 15 y 20 minutos.

Nota del chef A medida que vaya pelando las alcachofas, colóquelas en una fuente de agua fría con unas gotas de zumo de limón o vinagre para evitar que pierdan color. Aclare las alcachofas antes de cocinarlas.

Patatas al horno

Las patatas al horno son siempre un acompañamiento apetitoso, si bien también pueden servirse como plato principal acabadas con alguno de los infinitos rellenos posibles, de los cuales presentamos aquí una selección.

*Tiempo de preparación **20 minutos***
*Tiempo de cocción **1 hora 15 minutos***
Para 4 personas

4 patatas harinosas medianas
aceite en abundancia

RELLENO DE CREMA AGRIA CON CLAVOS
500 ml de crema agria
2 cucharadas de clavos frescos troceados

RELLENO DE QUESO Y BACON
250 g de queso cheddar o suizo rallado
3 lonchas de bacon a la plancha en trozos grandes

RELLENO AL ESTILO GRIEGO
90 g de olivas negras deshuesadas cortadas
250 g de queso feta cortado en daditos

RELLENO DE AJO ASADO Y CREMA AGRIA
16 dientes de ajo asados y pelados
  (vea Notas del chef)
500 ml de crema agria

1   Precaliente el horno a 180°C. Elimine cualquier ojo de las patatas, dejando la piel lo más intacta posible. Frote las patatas con aceite y pínchelas con un tenedor. Áselas durante 1 hora, o hasta que cedan a la punta de un cuchillo pequeño afilado.

2   Corte las patatas a lo largo por la mitad. Extraiga la mayor parte de la pulpa con una cuchara pequeña, dejando un caparazón de unos 5 mm de grosor. Reserve las patatas.

3   Rellene un tercio de una freidora o sartén honda con aceite y precaliéntela a 180°C. Chafe ligeramente la pulpa de las patatas con un tenedor y, a continuación, mézclela con el relleno de su elección. Sazónelo al gusto y resérvelo.

4   Fría en aceite abundante los caparazones de patata (vea Técnicas del chef, página 63) hasta que la pulpa empiece a tostarse; a continuación, déjelos escurrir en papel de cocina, con la piel hacia arriba, durante 5 minutos.

5   Dé la vuelta a los caparazones de patata, condimente la cavidad con sal y pimienta y rellénelos. Si ha escogido el relleno de bacon y queso, hornee las patatas de 5 a 10 minutos o hasta que el queso se derrita y se dore. También puede realizar esta operación colocando las patatas bajo el grill de 1 a 2 minutos. Los demás rellenos pueden servirse tal cual o espolvoreados con pan rallado y tostados en el grill.

Notas del chef Para asar los dientes de ajo, colóquelos en una bandeja de horno con un chorrito de aceite de oliva y déjelos asar entre 15 y 20 minutos a 200°C. Cuando vaya a usarlos, retire la piel laminada de los dientes.

   Utilice cualquier sobra como relleno: el atún, la carne, el pollo, la ensalada de huevo, las verduras y los estofados.

Patatas Darphin

Esta receta, un pastel de patatas gratinadas, recibe su nombre del chef que la inventó. Suele servirse con solomillo de ternera

Tiempo de preparación 15 minutos
Tiempo de cocción 20 minutos
Para 4 personas

4 patatas medianas
aceite o mantequilla clarificada (vea Técnicas del chef) para cocinar

1 Pele las patatas y colóquelas en agua fría. Ponga a calentar una sartén de fondo pesado de 25 cm de diámetro a fuego medio o lento.
2 Ralle las patatas a lo largo muy finas, ya sea a mano o utilizando un robot de cocina (si lo hace manualmente, corte las patatas en juliana). Hágalo lo más rápido posible para evitar que las patatas pierdan color, pero no aclare las patatas ralladas, pues el almidón, al entrar en contacto con el agua, hará que el "pastel" se apelmace.
3 Añada 2 cucharadas de aceite o mantequilla clarificada en la sartén. Condimente la patata rallada con sal y pimienta y elimine cualquier exceso de agua. Coloque la patata en la sartén y cháfela ligeramente con el dorso de una cuchara o espátula, reduzca a fuego lento y deje hacer lentamente, sacudiendo con energía la sartén para evitar que se pegue. Si la patata se pegase, añada un poco más de aceite alrededor de los bordes y agite de nuevo la sartén una o dos veces.
4 Cuando los bordes comiencen a tomar color, dé la vuelta al pastel de patata sirviéndose de dos espátulas y vuelva a aplastarlo para igualar los bordes. Sacuda enérgicamente la sartén y, si el pastel se pega, añada un poco más de aceite por los bordes y vuelva a sacudirla; déjela en el fuego hasta que el pastel quede dorado por la parte inferior. Retírelo de la sartén y déjelo escurrir en servilletas de papel antes de servir.

Patatas al perejil

Las patatas hervidas se preparan de mil maneras. Las finas hierbas son especialmente versátiles y el ajo les proporciona un sabor incomparable.

Tiempo de preparación 15 minutos
Tiempo de cocción 30 minutos
Para 4 personas

4 patatas céreas pequeñas
60 g de mantequilla
1 cucharada de perejil finamente majado

1 Pele las patatas y córtelas a cuartos. Tornéelas siguiendo las Técnicas del chef de la página 62.
2 Coloque las patatas en una cacerola grande con agua y sal, llévelas a ebullición, reduzca el fuego, déjelas hervir a fuego lento durante 20 minutos o hasta que las patatas estén tiernas y puedan pincharse con la punta de un cuchillo, y escúrralas.
3 Ponga una cacerola a calentar a fuego medio o bajo. Añada la mantequilla, luego las patatas y báñelas levemente. Las patatas desprenderán un poco de agua. Cuando ésta se haya evaporado, las patatas absorberán de manera uniforme la mantequilla. Una vez lo hayan hecho, retírelas del fuego y rebócelas suavemente en el perejil majado antes de servir.

Notas del chef Si no tiene tiempo de tornear las patatas, utilice patatas pequeñas de tamaño parecido.

Puede sustituir el perejil por cualquier hierba verde fresca y picada, como albahaca, perifollo o clavos. Si utiliza hierbas fuertes como menta, estragón o cilantro, reduzca la cantidad a una cucharada o cucharada y media.

Para preparar patatas al ajo, añada dos cucharadas de ajo majado a la mantequilla en el paso número 3. Fría el ajo durante unos 5 minutos, sin dejar que se tueste, y, a continuación, reboce en él las patatas escurridas.

Patatas Darphin (parte superior) con Patatas al perejil y variaciones

Patatas Ana

Esta receta, tradicionalmente cocinada en una bandeja redonda de dos asas, recibe su nombre de una mujer de moda que vivió en la época de Napoleón III.

*Tiempo de preparación **45 minutos***
*Tiempo de cocción **45 minutos***
Para 4–6 personas

1 kg de patatas
250 g de mantequilla clarificada (vea Técnicas del chef)

1   Precaliente el horno a 220°C. Pele las patatas y elimine los bordes, córtelas en rodajas finas utilizando un cuchillo afi-lado o una mandolina de 2 mm (vea Técnicas del chef, página 61). Coloque las rodajas en agua hasta que estén listas para cocinar.

2   Aclare las patatas en agua fría y séquelas a golpecitos con papel de cocina. Caliente 60 g de mantequilla en una sartén antiadherente grande a fuego medio. Añada algunas rodajas de patata, aunque no demasiadas, pues deben poder moverse fácilmente en la sartén, y báñelas en la mantequilla durante unos minutos hasta que estén bien recubiertas y calientes. Cúelelas y devuelva la mantequilla sobrante a la sartén. A continuación, repita esta operación por tandas hasta haber frito todas las rodajas de patata. Déjelas a un lado durante unos 5 minutos o hasta que se hayan enfriado lo suficiente como para poder colocarlas con los dedos.

3   Cubra la base de una sartén refractaria con 60 g de mantequilla. Deje la sartén a fuego lento y vaya añadiendo rodajas de patata, colocándolas en círculos ligeramente superpuestos. Añada sal y pimienta y coloque una segunda capa de patatas encima, esta vez superpuesta a la anterior en sentido contrario. Repita la operación hasta haber colocado todas las rodajas, condimentando bien cada capa. Vierta la mantequilla restante por encima y luego introduzca la sartén en el horno y déjela hornear durante 30 minutos o hasta que las patatas estén tiernas.

4   Para retirar las patatas de la sartén, elimine cualquier resto de aceite, ponga un plato o bandeja sobre la sartén y, de una sola vez, dele la vuelta. Sirva inmediatamente.

Buñuelos de patata y queso de untar

Estos deliciosos buñuelos de fácil preparación pueden servirse como acompañamiento de cualquier plato. Sírvalos con ternera o como aperitivo con salsa de manzana o chutney de frutas, o en el desayuno con bacon y huevos.

Tiempo de preparación 20 minutos + 15 minutos en remojo
Tiempo de cocción 15 minutos
Para 12–14 buñuelos

250 g de patatas
60 g de queso de untar
2 huevos separados
1 pizca de mostaza en polvo
aceite para cocinar

1   Pele las patatas, córtelas en trozos grandes y colóquelas en una fuente. Cúbralas con agua fría y déjelas remojar durante 15 minutos. Escúrralas y séquelas con papel de cocina.

2   Bata el queso de untar y las yemas de huevo hasta que queden bien mezclados, añádales sal, pimienta negra recién molida y la mostaza en polvo.

3   Bata las claras de huevo en un bol pequeño y seco hasta que queden firmes. Incorpórelas con cuidado a la mezcla de queso y yemas y, a continuación, añada las patatas cortadas en trozos grandes.

4   Caliente 2 cucharadas de aceite en una sartén grande a fuego alto. Con una cuchara sopera, separe la mezcla en porciones (1 cucharada por buñuelo) y colóquelas en la sartén. Debería poder cocinar los buñuelos de cuatro en cuatro, pero asegúrese de que dispone de espacio suficiente en la sartén para evitar que se adhieran unos a otros. Prense cada buñuelo con el dorso de una cuchara aplastándolos ligeramente. Fríalos durante 3 ó 4 minutos, o hasta que estén crujientes y dorados, dándoles la vuelta una sola vez mientras los fríe. Escúrralos en papel de cocina arrugado y, a continuación, colóquelos en una cesta de alambre para que se mantengan crujientes y calientes. Repita la operación con el resto de la masa. Sirva los buñuelos calientes como plato de acompañamiento o como entrante.

Nota del chef   Al realizar el paso 2, puede añadir al queso clavos picados o puerro cortado en juliana.

Tortilla de patatas

La tortilla de patatas, servida en porciones en los bares de tapas de toda España, presenta diferentes variedades dependiendo de la región en que se prepare. La receta original, aparentemente sencilla, es deliciosa. He aquí una receta rápida a la que puede dar vida tal y como dicte su imaginación.

Tiempo de preparación 15 minutos + 25 minutos de reposo
Tiempo de cocción 25 minutos
Para 4–6 personas

125 ml de aceite de oliva
3 ó 4 patatas medianas peladas y cortadas en daditos
de 1 cm
1 cebolla grande cortada en rodajas finas
8 huevos

1 Caliente el aceite en una sartén antiadherente de 20 cm. Añada los daditos de patata y déjelos freír a fuego medio, sin dejar que se tuesten, durante 7 minutos o hasta que estén tiernos.

2 Añada la cebolla y déjela freír entre 7 y 8 minutos, evitando también que se dore. Condiméntela al gusto con sal y pimienta recién molida, luego cuélelo todo y guarde el aceite. Coloque la mezcla de patata y cebolla en una fuente y déjela enfriar unos 10 minutos.

3 Bata los huevos, sálelos al gusto, viértalos sobre la mezcla de patata y cebolla y remuévalo todo bien hasta que las patatas estén bien cubiertas. Déjelo reposar 15 minutos. Precaliente el horno a 200°C.

4 En la misma sartén, caliente una cucharada del aceite colado a fuego medio. Vierta la mezcla de patata y huevo, extendiéndola de manera uniforme en la sartén. Déjela freír durante unos 2 minutos y, a continuación, intodúzcala en el horno y déjela cocer entre 4 y 6 minutos, o hasta que el huevo quede firme por los bordes, aunque esté blando por el centro.

5 Extraiga la sartén del horno y agítela para despegar la tortilla. Para dar la vuelta a la tortilla, colóquela con cuidado en una bandeja, ponga la sartén sobre la tortilla, déle la vuelta y la parte cocinada de la tortilla debería aparecer dorada. Vuelva a ponerla a fuego medio unos 2 minutos y, a continuación, introdúzcala en el horno 2 minutos más. Retire la sartén del horno y coloque la tortilla en una bandeja limpia y templada. Córtela en porciones triangulares y sírvala caliente o a temperatura ambiente.

Nota del chef Para dar más sabor a la tortilla, saltee bacon o salchichas con las patatas. También pueden añadirse verduras salteadas o un poco de queso rallado.

Técnicas del chef

Patatas perfectas

Para obtener los mejores resultados al cocinar patatas, tenga en cuenta que existen diversos tipos de patatas y que algunas variedades son mucho más convenientes para preparar ciertos platos que otras.

En algunas recetas, se especifica el uso de patatas nuevas, céreas, duras, harinosas o viejas. Aunque tales distinciones pueden parecer caprichosas, es importante tenerlas en cuenta, si bien la diferencia más marcada es la existente entre las patatas céreas y las harinosas.

Las patatas céreas contienen mucha agua y menos almidón que las harinosas. Su piel es relativamente fina y su pulpa es amarillenta, casi cérea, y dura, por lo que pueden hervirse bien, sin peligro de que se desmenucen si se dejan al fuego más tiempo del recomendado. También pueden utilizarse para preparar sabrosas ensaladas de patata y son ideales para cocinar guisados y rösti. No obstante, las patatas céreas no son tan indicadas para hacer puré o patatas fritas. Entre las patatas céreas, se encuentran la bintje, la jersey y la manzana rosa, así como las llamadas "patatas de ensalada" o "patatas nuevas".

Las patatas harinosas poseen un contenido de agua y azúcar muy bajo y, dado que son ricas en almidón, son ideales para vaciarlas una vez cocidas y hacer puré. Al freírlas o asarlas adquieren un color tostado, por lo que se utilizan para hacer patatas fritas. La mayoría de "patatas viejas" son harinosas. La russet (Idaho), spunta y nicola son las variedades más comunes.

Si ninguna de estas patatas resulta apropiada, existen algunas especies de patatas más versátiles, como la rey Eduardo, la desirée y la sebago, que le ayudarán a preparar sus recetas.

Sea cual sea la variedad que compre, escoja aquellas patatas que, al tacto, le parezcan firmes y macizas y renuncie a aquéllas que tengan hendiduras, retoños o un color pobre. Rechace siempre las patatas de piel verde, pues tal color indica que contienen alcaloide y acabarán enfermando. Guarde las patatas en un lugar frío y seco, resguardado de la luz y extráigalas siempre del envoltorio, pues el plástico puede acelerar su deterioro. Recuerde que, si bien la patata es un alimento muy nutritivo, una cocción excesiva o un mal almacenamiento pueden acabar con los nutrientes y, en particular, con la vitamina C.

Clarificar mantequilla

La eliminación del agua y los grumos de la mantequilla hace que sea menos propicia a quemarse. La Ghee es una variedad de mantequilla clarificada.

Para preparar 100 g de mantequilla clarificada, corte 180 g de mantequilla a dados pequeños, colóquelos en un cazo pequeño e introduzca éste en el interior de un cazo grande de agua a fuego medio. Deshaga la mantequilla y elimine la espuma sin remover.

Retire el cazo del fuego y deje enfriar ligeramente la mantequilla. Elimine el agua amarillenta, procurando dejar el sedimento lechoso en el cazo. Deshaga el sedimento e introduzca la mantequilla clarificada en un recipiente hermético.

Cortar rodajas de patata

Dar forma a las patatas antes de hacerlas rodajas ayuda a dar una apariencia atractiva y regular a sus platos.

Pele las patatas con un pelapatatas o un cuchillo afilado.

Dé una forma uniforme a la patata con el mismo pelapatatas o cuchillo afilado.

Utilice un cuchillo largo y afilado para cortar la patata en láminas de unos 2 mm.

Utilizar una mandolina

Este aparato de cuchillas ajustables le ahorrará tiempo a la hora de cortar patatas paja, en rodajas o en juliana.

Pegue la patata al salvamanos de la mandolina para trabajar con más seguridad y de manera más sencilla.

Para conseguir rodajas finas, frote la patata contra la cuchilla plana, que cortará en el grosor indicado en la receta.

Para hacer patatas cerilla, frote la patata contra la cuchilla especial para este propósito.

Patatas libro

Esta técnica de cortar patatas permitirá una cocción homogénea y rápida y una presentación inmejorable.

Corte la base de la patata para que ésta se aguante de pie al apoyarla en una superficie. Realice cortes profundos paralelos transversalmente, sin llegar a alcanzar la base de la patata. Ésta debería abrirse como las hojas de un libro.

Preparar barquillos

Los barquillos son tiras finas de patata con las que se preparan cestas para verduras y guarniciones.

Disponga las tiras de patata en una cesta grande y coloque una cesta más pequeña en su interior. Agarre la cesta firmemente por las asas y sumérjala en aceite caliente para freír las patatas hasta que adquieran un color tostado.

Tornear patatas

*Esta técnica permite preparar unas patatas
de apariencia regular y asegura su cocción por igual.*

Hacer puré de patatas

*El puré de patatas puede prepararse de distintos modos,
pero con un robot de cocina, podría resultar pegajoso.*

Corte las patatas a lo largo en cuartos.

Coloque con firmeza un colador sobre una fuente y chafe las patatas cocidas utilizando una cuchara de madera.

Sostenga un cuarto en una mano y, con un cuchillo de tornear o uno pequeño, elimine los bordes y las esquinas.

Coloque las patatas en un pasapurés sobre una fuente y dé vueltas a la manivela hasta conseguir colar las patatas.

Corte la patata de arriba abajo, girándola siempre en la misma dirección. La forma más común es un óvalo de tamaño similar al de un huevo pequeño.

Coloque poco a poco las patatas en un prensapatatas y ejerza presión con el mango para que la masa de patatas vaya cayendo en el interior de una fuente.

Continúe girando el cuarto de patata hasta conseguir darle una forma uniforme.

Preparar croquetas de patata

Tiernas por dentro y crujientes por fuera, las croquetas son una manera útil de aprovechar las sobras de patata.

Una manera fácil de dividir la masa de las croquetas en partes iguales es hacer con ella un pastel y cortarlo en porciones iguales. A continuación, dé la forma y tamaño adecuados a cada porción.

Reboce o enrolle las croquetas con cuidado en harina y sacuda el rebozado sobrante.

Reboce las croquetas en huevo batido y el pan rallado o la mezcla de almendras, evitando cualquier adherencia extra. Si la masa está demasiado blanda, reboce la croqueta de nuevo. Introduzca las croquetas en el frigorífico hasta que estén listas.

Freír en freidora

Rellene un tercio de la freidora con aceite, con cuidado. Seque la comida antes de sumergirla en la freidora.

Precaliente el aceite en una freidora o sartén profunda a 180°C. Sumerja un dadito de pan en el aceite y, si comprueba que al cabo de 15 segundos éste crepita y se tuesta, será indicativo de que el aceite está listo.

Coloque las patatas o croquetas en una cesta y sumérjalas con cuidado en el aceite.

Fría las patatas por tandas hasta que adquieran un aspecto tostado. Elimine el exceso de aceite, seque las patatas en papel de cocina y manténgalas calientes en la cesta de alambre, sin taparlas, mientras fríe las tandas restantes.

Editado por Murdoch Books® de Murdoch Magazines Pty Limited, 45 Jones Street, Ultimo NSW 2007.

Editora gerente: Kay Halsey
Idea, diseño y dirección artística de la serie: Juliet Cohen

Murdoch Books y Le Cordon Bleu quieren expresar su agradecimiento a los 32 chefs expertos de todas las escuelas Le Cordon Bleu, cuyos conocimientos y experiencia han hecho posible la realización de este libro, y muy especialmente a los chefs Cliche (Meilleur Ouvrier de France), Terrien, Boucheret, Duchêne (MOF), Guillut y Steneck, de París; Males, Walsh y Hardy, de Londres; Chantefort, Bertin, Jambert y Honda, de Tokio; Salembien, Boutin, y Harris, de Sydney; Lawes de Adelaida y Guiet y Denis de Ottawa.
Nuestra gratitud a todos los estudiantes que colaboraron con los chefs en la elaboración de las recetas, y en especial a los graduados David Welch y Allen Wertheim.
La editorial también quiere expresar el reconocimiento más sincero a la labor de las directoras Susan Eckstein, de Gran Bretaña y Kathy Shaw, de París, responsables de la coordinación del equipo Le Cordon Bleu a lo largo de esta serie.

Título original: *Potatoes*

© 1998 de la edición española:
Könemann Verlagsgesellschaft mbH
Bonner Straße 126, D-50968 Köln
Traducción del inglés: Gemma Deza Guil
para LocTeam, S.L., Barcelona
Redacción y maquetación: LocTeam, S.L., Barcelona
Impresión y encuadernación: Sing Cheong Printing Co., Ltd.
Printed in Hong Kong, China

ISBN 3-8290-0638-1

10 9 8 7 6 5 4 3

La editorial y Le Cordon Bleu agradecen a Carole Sweetnam su colaboración en esta serie.
Portada: Patatas dauphine (arriba) y Abanicos de patata con bacon y parmesano

---

INFORMACIÓN IMPORTANTE

GUÍA DE CONVERSIONES

1 taza = 250 ml
1 cucharada = 20 ml (4 cucharaditas)

NOTA: Hemos utilizado cucharas de 20 ml. Si utiliza cucharas de 15 ml, las diferencias en las recetas serán prácticamente inapreciables. En aquéllas en las que se utilice levadura en polvo, gelatina, bicarbonato de sosa y harina, añada una cucharadita más por cada cucharada indicada.

IMPORTANTE: Aquellas personas para las que los efectos de una intoxicación por salmonela supondrían un riesgo serio (personas mayores, mujeres embarazadas, niños y pacientes con enfermedades de inmunodeficiencia) deberían consultar con su médico los riesgos derivados de ingerir huevos crudos.